AF503368

Le même, in-18, à l'usage des élèves, 15 c.

Guide pratique à l'usage des instituteurs, pour enseigner d'après cette méthode, 25 c.

Le Syllabaire, tableau contenant les syllabes détachées, 15 c.

Paris. — Typographie de Firmin Didot frères, rue Jacob, 56

LE SYLLABAIRE,

TABLEAU ANNEXÉ A LA MÉTHODE DE LECTURE DE J. B. DESSIRIER.

	a	è	é	i	o	ou	u	eu e	an	in	on	un
b	ba	bè	bé	bi	bo	bou	bu	be	ban	bin	bon	bun
p	pa	pè	pé	pi	po	pou	pu	pe	pan	pin	pon	pun
d	da	dè	dé	di	do	dou	du	de	dan	din	don	dun
t	ta	tè	té	ti	to	tou	tu	te	tan	tin	ton	tun
g	ga	guè	gué	gui	go	gou	gu	gue	gan	guin	gon	gun
q c k	qua	què	qué	qui	quo	qu'ou	qû	que	quan	quin	qu'on	qu'un
j g	ja	jè	jé	ji	jo	jou	ju	je	jan	jin	jon	jun
ch	cha	chè	ché	chi	cho	chou	chu	che	chan	chin	chon	chun
z	za	zè	zé	zi	zo	zou	zu	ze	zan	zin	zon	zun
s ç c	sa	sè	sé	si	so	sou	su	se	san	sin	son	sun
v	va	vè	vé	vi	vo	vou	vu	ve	van	vin	von	vun
f	fa	fè	fé	fi	fo	fou	fu	fe	fan	fin	fon	fun
gn	gna	gnè	gné	gni	gno	gnou	gnu	gne	gnan	gnin	gnon	gnun
n	na	nè	né	ni	no	nou	nu	ne	nan	nin	non	nun
l	la	lè	lé	li	lo	lou	lu	le	lan	lin	lon	lun
m	ma	mè	mé	mi	mo	mou	mu	me	man	min	mon	mun
r	ra	rè	ré	ri	ro	rou	ru	re	ran	rin	ron	run
x	xa	xè	xé	xi	xo	xou	xu	xe	xan	xin	xon	xun
	ga	guè	gué	gui	go	gou	gu	gue	gan	guin	gon	gun
	gea	gè	gé	gi	geo	geou	geu	ge	gean	gin	geon	geun
	ca	què	qué	qui	co	cou	cu	que	can	quin	con	cun
	ça	cè	cé	ci	ço	çou	çu	ce	çan	cin	çon	çun

gri sta fré blan prè spon dru flon brun glou cri clé — vif bol dur sac

MÉTHODE

POUR

APPRENDRE A LIRE.

LECTURE PRÉPARATOIRE.

NOTA. — Les instructions nécessaires pour enseigner d'après cette méthode sont données dans un petit livret spécial, sous le titre de *Guide pratique à l'usage des instituteurs*, livret aux sections duquel des chiffres marginaux servent ici de renvois. N. 1.

1. — ami santé bijou poche pantin bouchon figue lapin démon moulin savon ruban bouton dame robe midi route joli poule serin soupe mouton bouche talon bague.

2. — vérité boutique malade numéro vigneron madame peloton maquignon salade légume démoli chaperon déchiré relique charité baraque parade galoche dureté fatigue éperon signalé qualité vétéran parole.

3. — olive amadou sérénade romarin chaloupe échelon modèle melon amande lion pipe violon gazon roche rivière revenu zéro taché potiron modéré dignité rame solitude pureté baron.

4. — débile gala figure obole pacha nature zélé velouté rejeton quotité témérité déduire poétique bière inféodé chanson dépoli élite rade

maturité doute aromate épanché échevin jéré-
miade.

5. — rire pilule bonde poli rive mobilité sole
charade étude féodalité matin ratifié timide vi-
père onze douze arène pépin bidon élan béné-
vole rave régule matière déchirure.

6. — antipode touché mode lévite modelé
avalanche étique invalide polémique ligne fiole
évalué avide reliure monture aquilon solipède
baladin lire timoré volonté tante bariolé batave
amélioré.

7. — politique rapidité dogue lime viatique
barique injure chimérique folio débilité équité
férule pape luire béatitude redemandé magné-
tique rude mûre parure étoupe doré tiare ga-
gné montagne.

8. — pèlerin limite redoute suave débité amé-
nité insipide satire parade achevé duègne galon
idole foule bonté émule volubilité langue indi-
gnité météore ligue redire douche alibi filière.

9. — butin étui dévoué indigne rime suivi
gouache manche fève moralité délétère bara-
gouin nomade rature épidémique fatalité sali-
que jube salon vote taquin pédale vénéré apo-
logue variété.

10. — soutenu monture daté boutade aride

évoqué fioriture nativité devanture nié roulade soupape timon goujon réparé juin lumière marin fidélité parachute sapin rigole duo aride chérubin.

11. — maritime parabole notabilité roman puérilité site guigne imité joute vigne duché aromatique topique azuré farouche pantomime vogue burin digue chute suite épique navire fanfare mule.

12. — suavité antique quarante gaze futilité joujou qualifié relire égalité tulipe diabolique piéton notoriété volume utilité tabatière biche liquide élu salarié riche modifié luron fatalité romantique.

13. — juvénile soliloque chemin vitalité avili bédouin majorité pirate épilogue péché dague ébène fade gabare amabilité manchon jalon mérite naguère pagode obéré intime toléré utile zodiaque.

14. — aboli bilan diète chimère fétide guéridon lutin maire mutilé oratorio pontife validité zèle sérénité onde abandon pirogue vénalité époque gondole aliéné avidité divan épi quinte.

15. — règne salière régularité sévère tiède bouquin éduqué monde latin famélique atome arabe bipède motivé père infériorité réponse

morale individu aridité date bitume samedi dimanche lundi.

16. — champignon gambade impoli bombe tampon jambon lampe bambou rampe ingambe lampion limbe impiété tombe champion lambin limpidité jambe impopularité tambourin impureté timbale pompe imbibé vampire.

N. 2.

---

a b c d e é è f g h i j k l m n
A B C D E É È F G H I J K L M N
o p q r s t u v x y z
O P Q R S T U V X Y Z

N. 3.

Tribu patron montre intrépide métropole.
Plume diplomate quintuple planté éploré.
Gravure chagrin tigre ingratitude grenade.
Stature buraliste apostolique piston stupide.
Frégate fripon frontière frère safran.
Bloqué doublure blanchi sublime table.
Pratique éprouvé prière lèpre reproche.
Spirale dispute disparate jaspé spatule.
Dragon poudre édredon dramatique goudron.
Florin biflore gonflé pantoufle réfléchi.
Broche fabrique délabré bravoure sabre.
Globe épingle glande glouton ongle.

hèvre livre sevré lèvre fièvre.
asque musqué mousqueton marasquin.
ravate acrobate médiocre écriture créature.
loche déclin miracle climature siècle.

N. 4.

ardin bordure mardi moutarde pardon.
nsulte multitude révolte sultan sépulture.
asmin talisman marasme pédantisme.
Activité victime sanctifié facture octave.

N. 5.

Monstre poltron dartre mordre substitué arbre lorsque malgré pourpre bulgrave.

N. 6.

Jarretière ballon fantassin boutonnière étoffe botte nappe.

N. 7.

Agilité dialogue orangeade singularité angélique égaré rougeole angora légèreté guide gageure guérite girafe démagogue image légalité légitime vague déluge fugue évangélique agate badigeon légue logique.

N. 8.

Café façade école milice pédicure civilité camarade rançon compagnon docile euve médecin confiture façon camélia facilité colombe cécité pélican déçu calèche méchanceté macaron sincérité pécule.

Comète cimetière campagne célérité coude maçon sécurité édifice cantique lucide cave cinquantième reculade élancé bucolique société ridicule reçu colère vivacité renoncule nièce mélancolique récidive cocagne.

N. 8 bis.

Jeudi feu veuve meublé cheveu neutre demeure pieu jeune meule aveu peuplade feutre meute couleuvre.

N. 8 ter.

Paradoxe fluxion relaxé toxique axifuge axomètre fixité ixode oxalide maxime luxe taxé fixé axe saxon axiome.

N. 9.

Loi loin foi foin voiture témoin poire pointe toile soin boire coin poivre poinçon étoile.

N. 10.

tèr ter lanterne
lè lai laine
lè lei baleine
lé les
lé lez signalez
lé ler signaler
po pau épaule
po peau chapeau
pèia paya payable
voi-ia voya voyage

li ly paralytique
man men menton
in en rien
tin tain puritain
tin tein teinture

fé phé phénomène
zi si musique
si ti nation
ègzi exi exilé

tè-i-e teille bouteille
vè-i-é veillé réveillé
lè-i-e leil soleil
ta-i-e taille bataille
ta-i-on taillon bataillon
ta-i-e tail détail
pi-i-on pillon papillon
ni-i-e nille chenille

LECTURE COURANTE.

NOTA. — Pour comprendre l'utilité des traductions interlinéaires dont on fait usage ici, il faut savoir que, d'après cette méthode, les élèves sont exercés à la lecture courante sans avoir préalablement étudié chaque syllabe sous chacune de ses formes orthographiques; il suffit qu'ils connaissent seulement une de celles-ci pour commencer à lire couramment. A cet effet, les combinaisons *ré, rai, ray, rei, rey*, par exemple, formes variées de *rè*, sont traduites par cette dernière, la seule dont les élèves aient pris connaissance durant la lecture préparatoire; et il en est de même pour toutes les autres syllabes variables dans leur forme. (Voir le *Guide pratique.*)

Les monosyllabes *et, les, des, ces, mes, tes, ses*, contiennent une voix intermédiaire entre l'*é* et l'*è*, traduite par un *é* dont on modifiera le son en conséquence. *Au* ou *eau*, voix longue, n'est pas non plus exactement traduit par *o*, voix brève; cependant il est des cas où ce dernier devient long, comme dans le mot *close*, dont la prononciation ne diffère en rien de *clause*. (Une porte *close*; une *clause* de contrat.)

Joseph, dans sa jeunesse, était réduit à la
zèf nè tè
condition d'esclave. | Arraché au lieu de sa nais-
si d'ès o nè
sance, à Jacob le plus tendre des pères, | à sa
tan dé
famille nombreuse, il était transplanté dans une
mi-i-e ze tè
contrée lointaine. | Tous les jours, cherchant la
tè lé chèr
solitude, il conduisait son troupeau au bord
zè po o

du Nil, dans un endroit écarté. | Le cours ma-
an
jestueux de ce fleuve, ces campagnes décorées
jè cé
d'arbres, | de plantes et de fleurs d'une espèce
é ès
pour lui nouvelle, | et où paissaient des trou-
vè é pè sè dé
peaux si supérieurs en beauté à ceux des au-
po an bo dé o
tres climats; | ces palais, ces jardins, le riche
cé lè cé
aspect de Memphis, | et ces pyramides qui se
pè Min fis é cé pi
confondaient avec les tours de cette ville su-
dè vèc lé cè
perbe, | tous ces objets n'attiraient pas l'atten-
pèr cé jè rè tan
tion de Joseph, et ne dissipaient point sa
si zèf é pè
douleur; | ils erraient devant ses yeux ainsi que
èrrè sé ieu in
ces songes légers qui, | sans laisser d'impression,
cé gé lè sé prè
flottent comme sur la surface de l'âme. |
te

Cependant les plus affreux revers n'avaient
pan lé vèr vè
point altéré la douceur de son caractère; | il ne
laissait pas éclater tout son désespoir, | et il met-
lè sè té zès é mè
tait quelque modération jusque dans ses plain-
tè quèl si sé plin
tes. | Couché sur la rive, presque inanimé, et
prè é
tenant les yeux attachés sur le fleuve, | dont
lé ieu
le cours uniforme entretenait sa sombre rê-
an nè rè
verie : | Grand Dieu! s'écrie-t-il, c'est donc ici
c'è
que doivent se terminer mes jours!... | Douce
ve tèr né mé
liberté, tu m'es ravie!... c'en est fait, je ne
bèr m'è s'an è fè
reverrai jamais mon père... | je ne le reverrai
vè ré mè vè ré
jamais...... je ne ferai plus la consolation de
mè ré si
sa vieillesse!... | Et toi, troupeau chéri, qui,
vi-é-i-èsse é po

lorsque je chantais l'auteur de la nature, | bon-
tè l'o
dissais devant moi et participais à ma joie, | où
sè é pè
es-tu maintenant? quelle main te conduit? | es-
è min què min è
tu comme moi victime de mes frères? |
mé

Butophis, chef des esclaves de Putiphar, |
fis chèf dé ès far
était né dans les déserts brûlants de l'Éthiopie. |
tè lé zèr
Le lion qui, respirant tous les feux du soleil
rè lé lèi-e
rassemblés dans ce séjour, | rugit au milieu de
san o
ces sables arides, n'est pas plus redoutable au
cé n'è o
voyageur que ce maître inflexible l'était à ses
voi-ia mè flècsi tè sé
esclaves. | La couleur de sa peau et de sa che-
ès po é
velure égalait la plus obscure nuit; | le feu du
lè
courroux étincelait dans ses yeux comme l'é-
lè sé ieu

clair luit dans les ténèbres; | sa voix rugissante
clèr lé
faisait entendre la menace et l'injure. | Tout
fè zè antan é
en lui, jusqu'à sa couleur, objet nouveau pour
an jè vo
Joseph, | remplissait de terreur l'âme de ce jeune
zèf ran sè tè
infortuné. |

S'abandonnant à sa tristesse, il compare ses
tè sé
malheurs présents à sa félicité passée; | il se rap-
zan
pelle ces temps fortunés où, plein de joie et
pè cé tan plin é
participant au calme de la nature, | il prévenait
o nè
l'arrivée des ombres et se hâtait de ramener
dé é tè né
son troupeau pour revoir son père. | A peine
po pè
avait-il aperçu le vieillard, qui l'attendait à
vè pèr vi-é-i-ar tandè
l'entrée de sa cabane, | qu'il se précipitait vers
l'an tè vèr

lui; Jacob lui ouvrait les bras et le comblait
vrè lé é blè
de caresses. | Maintenant, au lieu de ces douces
rè Min o cé
étreintes et de ces tendres épanchements, | il
trin é cé tan man
trouve un surveillant redoutable dont l'accueil
vè-i-an l'aque-i-e
le glace, | et qui examine d'un œil sévère son
é ègza e-i-e
troupeau. | Il ne voit dans ses compagnons d'es-
po sé d'ès
clavage que des hommes durs et féroces. | En
dé é An
vain, touché de leurs disgrâces communes, il
vin
les regarde d'un air attendri; | leurs âmes in-
lé èr tan
sensibles n'entendent point ce langage. | Tout
san n'antande
semble s'être armé contre lui; la nature entière
san s'è an
ne lui présente plus qu'un tableau lugubre. |
zan blo
Autrefois ses chants prévenaient ceux des oi-
O sé nè dé

seaux pour célébrer le retour du soleil; | aujour-
zo bré lèi-e o
d'hui ce spectacle ne réveille en son cœur
spèc vèi-e an queur
qu'un sentiment de tristesse, | et la rosée odo-
san man tè é zé
riférante du soir ne peut adoucir ses peines. |
sé pè

Tandis qu'il se livre à ses réflexions dou-
sé flècsion
loureuses, | la nuit s'épaissit sans qu'il s'en
ze pè s'an
aperçoive. | Déjà ses compagnons se sont re-
pèr sé
tirés avec leurs troupeaux; | ses brebis impa-
vèc po sé
tientes errent autour de lui, l'approchent, | et,
sian èrre o che é
réunissant leurs voix, le tirent enfin de sa rê-
re an re
verie profonde. | Conduit par elles dans les ténè-
è lé
bres, il paraît devant un maître rigoureux | qui lui
rè mè
reproche durement ce retard involontaire. |
man tè

Cependant l'attention avec laquelle il rem-
pan tansi vèc què ran
plit tous ses devoirs, | la candeur qui est peinte
sé è pin
sur son front, | et cette douleur d'autant plus
é cè d'o
touchante qu'elle est muette et tranquille, |
qu'è è è é
commencent à lui gagner l'affection de Buto-
mance gné fècsi
phis. | Mais bientôt se présenta une occasion
fis Mè in zan zi
où cet ascendant fut plus marqué. |
cè san

Entre tous les esclaves, Itobal fixait l'atten-
An lé ès ficsè tan
tion de Joseph : | ils étaient du même âge. Né
si zèf tè mè
comme lui dans une situation plus élevée, | il
si
avait porté les armes, et c'est dans un combat
vè lé é c'è
où il signala sa valeur | qu'il fut enveloppé et
an é
conduit en esclavage. | La noble fierté qu'il
an ès èr

avait contractée en combattant pour sa pa-
vè an
trie | lui rendait ce joug encore plus odieux.
randè an
Un jour, pour une faute légère, | Butophis
fo fis
veut le faire traîner dans un cachot; | déjà ses
fè trè né sé
bras nerveux sont chargés de chaînes; | il
nèr chè
frémit d'indignation, et de ses yeux coulent
si é sé ieu le
des pleurs de rage. | La multitude des esclaves,
dé dé ès
plus stupide qu'un troupeau qui verrait égor-
po vè rè
ger un des siens, | regardait ce spectacle d'un
gé dé in dè spèc
œil indifférent. | Joseph, surmontant la ter-
e-i-e ran zèf tè
reur que lui inspire Butophis, | se précipite à
fis
ses pieds et lève vers lui ses mains et son
sé pié é vèr sé min é
visage mouillé de larmes. | Jamais la compas-
za mou-ié mè

sion ne parut sous des traits si touchants. |
dé trè

Butophis, d'abord étonné, ne peut résister
fis zisté

longtemps à cette douce prière; | après quel-
tan cè quèl

ques combats, sa fureur est désarmée; il cède
è zar

aux pleurs de Joseph. | Tous les esclaves sont
o zèf lé ès

saisis de surprise, et Itobal, dégagé de ses
sè zi ze é sé

chaînes, | tourne vers son libérateur des re-
chè vèr dé

gards reconnaissants, et l'embrasse avec trans-
nè é l'an vèc

port. |

Depuis ce moment, il ne peut vivre éloigné
man

de lui. | Souvent, inquiet de la tristesse où
van è stè

le jeune esclave paraissait plongé, | il allait
ès rè sè lè

troubler sa solitude, et voyant couler ses lar-
blé é voi-ian lé sé

mes, | il le regardait avec attendrissement, et
dè vèc tan man é
lui adressait la parole. | Les accents de l'a-
drè sè lé san
mitié portent quelque consolation | dans cette
te quèl si cè
âme insensible aux attraits de la nature en-
san o trè an
tière; | malgré les plus accablantes disgrâces,
lé
Joseph n'est point farouche, | et il ne peut
zèf n'è é
fuir à jamais le commerce des hommes. | Il
mè mèr dé
paraît au milieu de ses compagnons; | la dou-
rè o sé
ceur touchante de sa voix étonne et captive
é
leur oreille sauvage; | une éloquence naïve
rèi-e so quan
coule de son cœur vertueux et sensible, |
queur vèr é san
comme un ruisseau pure qui, descendant avec
so dè san vèc
un murmure flatteur | par une pente fa-
pan

cile, arrose les fleurs des prairies. | L'amitié
ze lé dé prè
que tous ces esclaves avaient pour Joseph | les
cé ès vè zèf lé
engageait à troubler souvent sa solitude. | Il
an gè blé van
chercha donc une retraite plus écartée, où
chèr trè
il pût se retracer librement | les amis aux-
cé man lé o
quels il pensait être arraché pour toujours. |
quèl pansè è
Il arrive dans une forêt sombre, séjour de
rè
la nuit et de la mélancolie; | il s'y arrête : ce
é s'i rè
lieu plaît à sa douleur. | Deux palmiers an-
plè mié
tiques, qui, courbés l'un vers l'autre, | confon-
vèr l'o
daient leurs branches entrelacées, attirent
dè an re
tout-à-coup ses regards : | ils avaient crû dans
sé vè
cet étroit embrassement; | leurs rameaux s'é-
cè an man mo

tendant à l'entour, touchaient la terre | et
tan l'an chè tè é
formaient comme d'eux-mêmes une cabane. |
mè mè
Je veux achever de joindre ces rameaux, dit-
vé cé mo
il. | Puisque je dois terminer ici une vie in-
tèr né
fortunée, | faisons de cet ombrage un asile
fè zon cè zi
où je puisse me livrer sans témoin à ma dou-
vré
leur. | En même temps il exécute ce dessein. |
an mè tan ègzé dè sin
Il unit facilement les rameaux flexibles, qui, |
man lé mo flècsi
croissant l'un vers l'autre, semblaient tendre
vèr l'o san blè tan
à cette union. | Puis il cueille les fleurs que
cè que-i-e lé
la terre produisait abondamment autour des
tè zè man o dé
palmiers, | et il en décore la cabane. | Au mi-
mié é an o
lieu de ce travail, il se rappelle le temps
va-i-e, pè tan

heureux où, | formant une habitation sem-
si san
blable, il la consacrait non aux larmes, | mais
crè o mè
au bonheur. Alors il s'arrête, il soupire, | et
o rè é
des pleurs coulent de ses yeux sur les fleurs
dé le sé ieu lé
et sur les branches. |
é lé

Mais bientôt se livrant à des pensées dif-
mè in dé pan
férentes : | Quoi! dit-il, m'abandonnerais-je au
ran rè o
seul sentiment de la tristesse? | et tandis que
san man stè é
je consacre ce séjour à mes souvenirs les plus
mé lé
chers, | oublierai-je le Dieu de mes pères? |
chèr ré mé
Aussitôt il érige près de la cabane un autel, |
o o
image de celui qui est élevé dans le lieu de sa
è
naissance. | Il n'est formé que de terre, et
nè n'è tè é

n'est couvert que d'un simple gazon entremêlé
n'è vèr an mè
de fleurs; | mais il est plus auguste et plus sa-
mè è o é
cré que tous les temples superbes de l'Égypte
lé tan pèr gip
idolâtre. |

C'est dans cet asile qu'il se rend tous les
c'è cè zi ran lé
soirs avant de ramener son troupeau. | Là, du
né po
fond de la cabane isolée, tantôt il porte ses
zo sé
tristes et avides regards | vers les lieux où le
é vèr lé
soleil se lève et où pleure sa famille; | tantôt
lèi-e é mi-i-e
fixant les yeux sur le Nil, | que l'on découvre
ficsan lé ieu
à travers les arbres de la forêt : | O fleuve,
vèr lé rè
dit-il, pourquoi tes eaux ne coulent-elles pas |
té o le è
vers le hameau qui m'a vu naître? | je gra-
vèr mo nè

verais sur une écorce quelques signes de mon
rè quèl
existence infortunée; | j'abandonnerais ce fra-
ègzistan rè
gile bois au cours d'une onde favorable; | peut-
o
être arriverait-il jusqu'au hameau paternel; |
è rè qu'o mo tèrnèl
peut-être que Jacob et Sélima, assis sur le
è é
rivage, | occupés à pleurer ma perte, saisi-
ré pèr sè zi
raient cette écorce, | triste interprète de mes
rè cè tèr mé
malheurs, et diraient en l'arrosant de larmes : |
é rè an zan
JOSEPH EST ESCLAVE EN ÉGYPTE; peut-être
zèf è ès an gip è
viendraient-ils me consoler de mes infortunes. |
in drè lé mé
Qu'alors ma captivité serait douce! | Telles sont
rè tè
les pensées où l'égare sa douleur. | Tantôt
lé pan
enfin, concentré en lui-même, | il se retrace,
an san an mè

avec la vivacité d'une imagination enflammée
vèc si an
par le sentiment, | les traits du vénérable
san man lé trè
vieillard dont il tient la vie, | ceux de Sélima
vié-iar in
et de Benjamin; il leur adresse la parole; | il
é bin drè
lui semble quelquefois les voir et les en-
san quèl lé é lé an
tendre. | Mais lorsqu'il sort tout-à-coup de
tan mè
cette heureuse illusion, | qu'il se trouve seul
cè ze zi
au milieu des ombres de la nuit, | et que la
o dé é
nature entière est muette autour de lui, | il
an è è o
éclate en sanglots, et pousse des cris doulou-
an é dé
reux. | Alors il se traîne hors de la cabane,
trè
et, le front appuyé sur l'autel, | il l'arrose de
é pui-ié l'o tèl ze
larmes, seule offrande que d'abord lui per-
pèr

mette sa douleur. | Enfin il lève les yeux et
mè an lé ieu é
les bras vers le ciel; | sa bouche ne peut en-
lé vèr èl an
core exprimer les sentiments tumultueux de
ècsprimé lé san man
son âme. | Après un long silence, il s'écrie : |
lan

Dieu qu'atteste la nature entière, tu es dé-
tè an è
sormais mon seul père; | prends pitié de ma
zormè pran
jeunesse délaissée. | Le temps n'est plus où,
nè lè tan n'è
entouré de ma famille, | je ne t'adressais que
an mi-i-e drè sè
des chants d'allégresse et des pleurs de joie. |
dé grè é dé
Aujourd'hui, isolé, esclave, souvent pour toute
o zo ès van
prière je ne pousse que des soupirs doulou-
dé
reux. | Je ne suis pas seul infortuné! soutiens
in
un père qui comme moi s'abreuve de larmes. |

Puissent mes frères s'aimer entre eux plus
se mé s'è mé an
qu'ils ne m'ont aimé! | puissent-ils, plus heu-
è se
reux que moi, consoler les vieux ans de
lé lé
Jacob, | et dissiper la douleur qui les em-
é pé lé an
poisonne. |
zo
A mesure qu'il parle, ses pleurs coulent
zu sé le
avec moins d'abondance; | il sent son cou-
vèc san
rage se ranimer, et il s'éloigne de ces lieux |
mé é cé
plongé dans une plus douce mélancolie. |

L'Égypte entière avait pleuré la mort du
gip an vè
bœuf Apis, | et le jour était arrivé où le nou-
beuf é tè
veau dieu devait prendre sa place; | orné de
vo vè pran
festons, le plus superbe temple de Memphis
fè pèr tan min fis

l'attendait; | le hameau de Putiphar se trou-
tandè mo far
vait sur son passage. | Dès les premiers
vè lé mié
rayons de l'aurore, il arrive traîné sur un
rèion l'o trè
char magnifique. | Sa beauté est frappante : la
bo è
nature avec symétrie | a marqueté de blanc
vèc si
sa peau d'un noir d'ébène; | à ses cornes
po sé
dorées pendent des guirlandes de fleurs; |
pande dé
entouré de prêtres vêtus de robes d'une blan-
an prè vè
cheur éblouissante, | il est suivi d'une foule
è
innombrable; | il pousse de longs mugisse-

ments que la multitude écoute avec une re-
man vèc
ligieuse terreur, | tandis que leurs hommages
ze tè
et leurs cris l'épouvantent lui-même; | toutes
é te mè

les bouches répètent au son des instruments :
lé te o dé man
Voici, voici le dieu de l'Égypte. | A cet
gip cè
aspect, les esclaves du hameau se proster-
spè lé ès mo stèr
nent. |
ne

Joseph, saisi de surprise et de douleur, | se
zèf sè zi ze é
dérobe à cette fête impie, et se retire dans
cè fè é
son asile. | Arrivé devant l'autel qu'il a con-
zi l'o tèl
sacré à l'Être suprême : | Grand Dieu, dit-il,
è prè
tandis que l'on prostitue ton nom au bœuf
o beuf
qui broute l'herbe des champs, | reçois ici le
l'hèr dé
culte qui t'est dû. | Ma bouche seule t'im-
t'è
plore en ce jour, mais je te serai toujours
an mè ré
fidèle. |

Il dit, et dès ce moment il songe à éclai-
é man clè
rer l'ignorance de ses compagnons. | Il avait
ré sé vè
exigé d'eux qu'ils respectassent son asile. | Le
ègzi rèspèc se zi
lendemain de cette fête, poussé par une ten-
lan min cè fè tan
dresse inquiète, | Itobal l'y suivit de loin.
drè l'i
Comme il y veut pénétrer, | il découvre à tra-
i tré
vers l'épais feuillage Joseph auprès de sa
vèr pè fe-iage zèf o
cabane, | et il l'entend pousser de profonds
é l'antan sé
gémissements. | Tandis qu'il en est attendri,
man an è tan
Joseph prononce une de ces prières | qu'exha-
zèf cé qu'ègza
lait souvent son cœur vertueux et infortuné. |
lè van queur vèr é
A ce langage, Itobal est ému jusqu'au fond
è qu'o
de l'âme. | Tel un homme qui, d'un désert
tèl zèr

affreux où il ne vit que des rochers couverts
dé ché vèr
de glace, | et n'entendit que les hurlements
é n'antan lé man
des bêtes féroces, | arrive dans un climat riant
dé bè
et heureux; | à l'aspect du feuillage entremêlé
é spè fe-iage an mè
de fleurs, | d'où part sur les ondulations d'un
lé si
air odoriférant une harmonie qui ravit l'o-
èr
reille, | il est saisi de surprise et d'attendris-
rèi-e è sè zi ze é tan
sement; | ainsi le jeune esclave, tenant les
man in ès lé
yeux attachés sur ce beau séjour, | est ému
ieu bo è
de la prière de Joseph. | Immobile, il s'en
zèf s'an
retraçait encore les expressions touchantes, |
sè an lé ècsprè
lorsque son ami s'éloigne et rentre dans le
é ran
hameau. |
mo

Un matin, tandis que les troupeaux s'a-
lé po
breuvaient de la fraîche rosée, | il conduit
vè frè zé
Joseph à l'écart; ils s'asseient sur le sommet
zèf sè mè
d'une colline. | Après quelques moments de
quèl man
silence, Itobal prend la parole. |
lan pran
Il faut que je t'ouvre mon cœur, dit-il. |
fo queur
Depuis que tu m'as fait connaître les charmes
fè nè lé
de la vertu, | tout a changé de face pour moi;
vèr
les objets de la nature, | que je regardais
lé jè dè
avec tant d'indifférence, | font naître en moi
vèc ran nè an
une foule de sentiments auxquels je me dé-
san man o quèl
robe toujours à regret. | T'apprendrai-je mon
grè prandré
indiscrétion? Inquiet de ta tristesse, | j'ai osé
si è stè j'é zé

te suivre dans ta retraite. Lorsque j'arrive
trè
dans la forêt, | tes gémissements déchirent
rè té man re
mon cœur, et bientôt tu prononces une
queur é in
prière | dont le souvenir est encore présent à
è an zan
mon âme attendrie. | Mon cher Joseph,
tan chèr zèf
toutes les paroles que tu profères me tou-
lé
chent, | mais tu ne m'as jamais tant ému qu'en
che mè mè qu'an
ce moment; | il me semblait que tu renouve-
man san blè
lais en moi la vive impression | que j'éprouve
lè an prè
à l'aspect des objets de la nature. | Quel est,
spè dé jè quèl è
dis-moi, ce sentiment? quel est cet être | en
san man quèl è cè è an
qui tu mettais toute ta confiance, et qui par
mè tè é
degrés calmait tes sanglots?
mè té

En disant ces paroles, il regardait d'un
an zan cé dè
air attentif et timide Joseph, | qui, tournant
èr tan é zèf
sur lui des yeux satisfaits : Heureuse indis-
dé i fè ze
crétion! s'écrie-t-il. | Oh! mon ami, la nature
si
a parlé à ton cœur; | aurais-tu encore besoin
queur o rè an zoin
d'un maître? Regarde ce spectacle; | n'en-
mè spèc n'an
tends-tu pas de toutes parts de sublimes le-
tan
çons? | et faut-il qu'un mortel mêle sa voix
é fo tèl mè
à ce langage? | Hélas! ces objets qu'autrefois
cé jè qu'o
je trouvais si enchanteurs | ne portent plus la
vè an te
satisfaction dans mon âme; | mais malheur à
si mè
moi si je n'y voyais pas gravée | la plus grande
n'i voi-iè
et la plus consolante vérité! | En même temps
é an mè tan

il lui montra la plus magnifique scène qui

se présentait à leurs regards. |
zantè

Le globe étincelant du soleil s'élevait avec
lèi-e vè vèc
majesté sur l'horizon, | tandis que les astres
jè lé
innombrables qui avaient régné avec tant d'é-
vè vèc
clat pendant la nuit | pâlissaient par degrés,
pan sè
et, près de s'éteindre, | semblaient se retirer
é tin san blè ré
et se perdre dans l'espace immense des
é pèr l'è man dé
cieux. | La nature entière paraissait sortir d'un
an rè sè
sommeil profond; | à la fraîcheur de la ver-
mèi-e frè vèr
dure, on eût dit qu'elle venait d'éclore; |
u qu'è nè
l'homme partageait avec le ciel l'encens in-
gè vèc èl l'ançan
visible qu'exhalait la terre ranimée. | Les ra-
zi qu'ègzalè tè lé

pides rayons de l'astre du jour couronnaient
rèion nè
la cime des montagnes, | se répandaient sur
dé dè
la rosée étincelante des prairies, | et, péné-
zé dé prè é
trant dans les sombres forêts, dernière re-
lé rè dèr
traite de la nuit, | y réveillaient des chants
trè i vèiè dé
harmonieux. | Les mugissements des trou-
lé man dé
peaux, dont retentissaient les vallons, | se
po tan sè lé
mêlaient à la mélodie des bois. |
mèlè dé

Les deux jeunes esclaves, gardant le si-
lé ès
lence, | prêtaient l'oreille, promenaient leurs
lan prètè rèi-e nè
regards sur ces objets ravissants. | Joseph en
cé jè zèf an
détournait quelquefois les yeux, et, les por-
nè quèl lé i é lé
tant sur son ami, | jouissait des senti-
sè dé san

ments dans lesquels il paraissait absorbé. |
man lé quèl rè sè

Tandis qu'Itobal contemplait la marche
tan plè
pompeuse du soleil, | l'idée d'un Dieu sort à
ze lèi-e
ses yeux d'une nuit profonde. | Oui, s'écrie-t-
sé i
il avec transport, et tenant toujours l'œil
vèc é l'e-i-e
attaché sur le spectacle de la nature, | une
spèc
lumière nouvelle achève de m'éclairer; | une
vè clè ré
voix plus forte parle plus distinctement à
man
mon cœur. | Il est un être qui forma ce so-
queur è è
leil, ces astres, | qui régla leur cours, qui
lèi-e cé
répandit sur la terre toutes ces richesses, |
tè cé chè
qui m'y plaça moi-même..... Dieu qu'invoque
m'i mè
mon ami, | toute la nature semble en ce mo-
san an

ment te célébrer; | et moi, je tarde encore
man bré é an
à te rendre mon premier hommage! | En
ran mié an
même temps il se prosterne. |
mè tan stèr

Joseph se précipite dans ses bras. Cher
zèf sé chèr
ami, s'écrie-t-il, | voici depuis ma captivité

mes premières larmes de joie. | Esclave de
mé ès
tes semblables, tu l'étais encore des animaux
té san tè an dé mo
que tu adorais; | maintenant, libre du joug
rè min
le plus honteux, tu es plus digne d'une
è
amitié vertueuse. |
vèr ze

Aussitôt il lui prend la main et le conduit
o pran min é
dans sa retraite. | Là, lui montrant sa ca-
trè
bane : Voici, dit-il, ma demeure chérie en
an

ce triste séjour; | voici l'autel que j'ai con-
l'o tèl j'é
sacré au Dieu que tu viens de connaître. |
o in nè
Le premier homme qui sortit de la main
mié min
du Créateur lui éleva un autel semblable, |
o tèl san
et là, interprète de la nature entière, | il
é tèr an
lui présenta des vœux simples et sublimes; |
zan dé veu é
quelquefois il y entendit la voix de l'Éter-
quèl i antan
nel. | Ce culte, aussi ancien que le monde,
nèl o in
et qui devait durer autant que les rochers
é vè ré o lé ché
et les montagnes, | a été trop tôt anéanti
é lé
par les erreurs et les crimes | qui se sont
è é lé
multipliés avec la race humaine. | Mon aïeul
vèc mè
le rétablit; et moi, marchant sur les traces
é lé

de mes ancêtres, | j'adore en ces lieux le
mé cè an cé
père de la nature. |

Il dit; Itobal, frappé de respect, se pro-
rèspè
sterne devant cet autel, | et là il renouvelle les
stèr cè o tèl é vè lé
vœux qu'il vient d'offrir à l'Être suprême. |
veu in l'è prè
Ils quittent cet asile, et, se tenant par la
te cè zi é
main, | ils suivaient en silence le fil de leurs
min vè an lan
pensées. | Tandis que Joseph, comme étonné
pan zèf
des sentiments de joie que son cœur vient
dé san man queur in
d'éprouver, | laisse reprendre à la douleur son
vé lè pran
ordinaire empire, | son ami se livre à une
nè an
foule d'impressions nouvelles. | La vertu lui
prè vè vèr
paraît plus aimable, l'esclavage moins acca-
rè è l'ès

blant, | l'amitié plus attrayante, le spectacle
trèiante spèc
même de la nature plus auguste. |
mè o
Bientôt cette lumière se répand dans le ha-
in cè
meau; | tous les cœurs y sont dociles à la
mo lé queur i
voix de la nature. | Alors la férocité des
dé
mœurs achève de s'adoucir, | et Butophis lui-
meurs é fis
même devient moins farouche. | Joseph goûte
mè in zèf
quelque consolation lorsqu'en des jours so-
quèl si qu'an dé
lennels | ses compagnons le suivent dans sa
la nèl sé ve
retraite, | et qu'entourant l'autel élevé par ses
trè é qu'an l'o tèl sé
mains, | ils invoquent d'une commune voix
min que
le Dieu de l'univers. | Tandis que toute l'É-
vèr
gypte était livrée à la superstition, | et que
gip tè pèr é

les grands, si superbes, se prosternaient de-
lé pèr stèrnè
vant de vils animaux, | des esclaves, dans ce
mo dé ès
séjour oublié, faisaient monter vers le ciel |
fè zè té vèr èl
le seul encens qui soit digne de l'homme. |
ançan
Les anges qui, chargés des ordres divins,
lé dé
parcourent la terre, | s'arrêtaient dans cette
re tè rètè cè
forêt, | et, frappés d'un langage inconnu dans
rè é
cette contrée idolâtre, | ils détournaient leurs
cè nè
regards de ses villes et de ses temples pro-
sé é sé tan
fanes, | et les attachaient sur cet autel envi-
é lé chè cè o tèl an
ronné d'esclaves vertueux. |
d'ès vèr

Le bonheur et la vertu appellent dans ce
é vèr pè le
séjour l'harmonie des chants; | née au mi-
dé o

lieu des hameaux, elle reparaît ici dans sa
dé mo è rè
simplicité touchante. | Les bergers font des
lé bèrgé dé
lyres rustiques dont ils accompagnent leurs
li gne
voix; | les fleurs qui auparavant se fanaient
lé o nè
dans les prairies, parent maintenant les ber-
lé prè re min lé bèr
gers. |
gé

Joseph seul ne prend point en main sa
zèf pran an min
lyre, | et ne se pare point de fleurs. | Il est
li é è
témoin de la félicité de ses compagnons sans
sé
être heureux lui-même. | Plus d'une fois,
è mè
tandis que leur troupe s'abandonne à une

joie douce et innocente, | il se rappelle les
é çan pè lé
jours fortunés où il jouissait d'un semblable
sè san

bonheur. | Alors sa mélancolie éclate malgré

lui dans ses regards. | Dès que les bergers
sé lé bèrgé

s'en aperçoivent, ils interrompent leurs chants
s'an pèr ve tè pe

d'allégresse, | et, se conformant à la situation
grè é si

de son âme, | ils font entendre des sons
antan dé

plaintifs.
plin

(*Fragments de* JOSEPH, *par Bitaubé.*)

NOTA. — La voix *u* figurée par *eu*, et la voix *é* figurée par *ez*, ne se rencontrant pas dans le texte qui précède, les lignes suivantes ont pour objet de les faire connaître.

Quand le Seigneur viendra dans sa gloire,
sè in

accompagné de ses anges, il s'assoira sur son
sé

trône; | tous les hommes seront rassemblés
lé san

devant lui, et il les séparera les uns d'avec
é lé lé vèc

les autres, | comme un berger sépare ses
lé o bèrgé sé

boucs d'avec ses brebis. | Il placera les bons
vèc sé lé
à sa droite, et les méchants à sa gauche;
é lé go
puis il dira aux bons : | Venez, les bénis de
o né lé
mon Père; prenez possession du royaume |
né sè roi-iome
qui vous est destiné depuis l'origine du
è dè
monde; | car j'ai eu faim, et vous m'avez
j'é u fin é vé
donné à manger; | j'ai eu soif, et vous m'a-
gé j'é u é
vez donné à boire; | j'étais sans asile, et vous
vé tè zi é
m'avez reçu chez vous; | nu, et vous m'avez
vé ché é vé
recouvert; malade, et vous êtes venus me
vèr é è
voir; | prisonnier, et vous avez eu pitié de
zo nié é vé u
moi. | Alors les justes répondront : | Seigneur,
lé sè
quand est-ce que vous avez eu faim, et que
è vé u fin é

nous vous avons nourri? | que vous avez eu
vé u
soif, et que nous vous avons donné à boire? |
é
Quand avez-vous été nu et sans asile, et vous
vé é zi é
avons-nous logé et revêtu? | Quand avons-
é vè
nous été vous voir malade et en prison? | Et
é an zon é
le Seigneur leur dira : | Toutes les fois que
sè lé
vous l'avez fait à un de mes frères malheu-
vé fè mé
reux, | c'est à moi que vous l'avez fait. |
c'è vé
Puis il dira aux méchants : Retirez-vous de
o ré
moi, maudits; | allez au feu éternel, préparé
mo lé o tèrnèl
au démon et à ses anges; | car j'eus faim,
o é sé j'u fin
et vous ne me donnâtes point à manger; |
é gé
j'eus soif, et vous ne m'offrîtes point à boire; |
j'u é

je fus pauvre, et vous ne me reçûtes point; |
po é
j'étais malade et en prison, et vous n'eûtes
tè é an zon é n'u
point pitié de moi. | Et les méchants deman-
é lé
deront à leur tour : | Quand est-ce que vous
è
eûtes faim, et soif, et froid, | et que nous
u fin é é é
refusâmes de vous secourir? | Quand est-ce
za è
que vous fûtes étranger, malade et prison-
gé é zo
nier, | et que nous n'eûmes pas pitié de vous? |
nié é n'u
Et le Seigneur leur répondra : En vérité, je
é sè an
vous le dis, | toutes les fois que vous refusiez
lé zié
aux malheureux, vous refusiez à moi-même.
o zié mè

(Évangile *selon S. Matthieu.*)

NUMÉRATION.

1	Un
2	Deux
3	Trois
4	Quatre
5	Cinq
6	Six
7	Sept
8	Huit
9	Neuf
10	Dix
11	Onze
12	Douze
13	Treize
14	Quatorze
15	Quinze
16	Seize
17	Dix-sept
18	Dix-huit
19	Dix-neuf
20	Vingt
21	Vingt-et-un
22	Vingt-deux
23	Vingt-trois
24	Vingt-quatre
25	Vingt-cinq
26	Vingt-six
27	Vingt-sept
28	Vingt-huit
29	Vingt-neuf
30	Trente
40	Quarante
50	Cinquante
60	Soixante
70	Soixante-et-dix
80	Quatre-vingts
90	Quatre-vingt-dix
100	Cent
200	Deux cents
300	Trois cents
400	Quatre cents
500	Cinq cents
600	Six cents
700	Sept cents
800	Huit cents
900	Neuf cents
1000	Mille

FIN.

www.ingramcontent.com/pod-product-compliance
Ingram Content Group UK Ltd.
Pitfield, Milton Keynes, MK11 3LW, UK
UKHW021003220726
13924UKWH00002B/865